Le meilleur des poissons et crustacés

Sommaire

Les entrées

Les plats

Photo : Rouvrais/Prismapix

Guacamole au crabe

Pour **4** personnes

Préparation **10** mn

Pas de cuisson

Difficulté ★☆☆

Ingrédients

1 boîte de crabe
2 avocats
1 betterave crue
1 fenouil
2 artichauts poivrades
1 citron vert
1 bouquet de coriandre
1 pincée de piment d'Espelette
sel

1 **Epluchez** la betterave et le fenouil et coupez-les en bâtonnets. Rincez les artichauts et coupez-les en quatre. Réservez au frais. Rincez la coriandre et ciselez les feuilles.

2 **Ecrasez** la chair des avocats à la fourchette, versez le jus du citron vert, saupoudrez de piment, ajoutez de la coriandre, salez. Mélangez bien.

3 **Egouttez** et émiettez la chair de crabe, incorporez-la à la préparation à l'avocat.

4 **Mettez** la préparation dans des verrines et servez avec les crudités.

Féroce de morue à l'avocat

Pour **4** personnes

Préparation **15** mn

Cuisson **40** mn

★★☆ Difficulté

Ingrédients

1 filet de 250 g de morue salée
2 avocats
½ oignon violet
1 gousse d'ail
1 citron
8 brins de ciboulette
½ l de lait entier
2 cuil. à soupe d'huile de tournesol
Quelques gouttes de Tabasco
poivre

1 **Faites dessaler** la morue 12 h environ dans une bassine d'eau fraîche. Renouvelez l'eau 3 ou 4 fois.

2 Le lendemain, **rincez** abondamment le filet de morue et épongez-le. Mettez-le dans une cocotte et couvrez-le de lait froid. Portez à ébullition sur feu moyen. Quand le lait bout, couvrez, éteignez le feu et laissez pocher le poisson 10 min environ. Egouttez le filet de poisson, ôtez les arêtes et effilochez la chair à l'aide d'une fourchette.

3 **Pressez** le citron pour en extraire le jus. Pelez et pressez l'ail. Pelez et hachez finement l'oignon doux. Coupez les avocats en deux, récupérez la pulpe (réservez les coques), réduisez-la en purée et arrosez-la de jus de citron. Dans un saladier, mélangez tous les ingrédients, ajoutez du poivre et le Tabasco, incorporez l'huile. Rectifiez l'assaisonnement

4 **Remplissez** les coques évidées des avocats avec cette préparation. Décorez avec des lamelles d'oignons doux et de la ciboulette ciselée. Servez très frais.

Photo : Kompalitch/Prismapix - Recette : Mourgues/Prismapix

Tomates farcies au crabe

Pour **4** personnes

Préparation **30** mn
Attente **1** h

Pas de cuisson

Difficulté ★★☆

Ingrédients

4 tomates moyennes
300 g de chair de crabe
2 œufs durs - **1** jaune d'œuf
1 poignée de cresson
1 cuil. à café de moutarde
1 cuil. à soupe de vinaigre de vin huile d'arachide
1 cuil. à soupe d'estragon haché
5 cl de vin blanc sec
sel, poivre

1 **Lavez** et **essuyez** les tomates, découpez les chapeaux et réservez-les. Evidez-les, salez-les et arrosez l'intérieur d'un filet de vinaigre. Laissez macérer 1 h.

2 **Lavez** et **effeuillez** le cresson, blanchissez-le 1 min à l'eau bouillante puis, rafraîchissez-le sous l'eau froide. Egouttez-le dans du papier absorbant et mixez-le finement. Réservez cette purée.

3 **Préparez** une mayonnaise avec le jaune d'œuf, la moutarde, sel, poivre, huile et un trait de vinaigre. Ajoutez le vin blanc dans la mayonnaise, puis l'estragon haché, la purée de cresson, la chair de crabe égouttée et les œufs durs hachés.

4 **Remplissez** les tomates avec la préparation et remettez les chapeaux avant de servir aussitôt.

L'abus d'alcool est dangereux pour la santé. A consommer avec modération.

Photo : Rouvrais/Prismapix - Recette : Barotoqui/Prismapix

Poivrons au thon

Pour **4** personnes

Préparation **30** mn

Cuisson **45** mn

Difficulté ★☆☆

Ingrédients

150 g de thon au naturel
4 poivrons rouges
1 échalote
1 gousse d'ail
4 brins de persil
150 g de fromage frais (carré frais Gervais ou Saint-Moret)
2 cuil. à soupe d'huile d'olive
sel, poivre

1 **Préchauffez** le four th. 7 (210 °C). Posez les poivrons entiers sur la grille du four et laissez rôtir 45 min. La peau doit être boursouflée. Laissez-les refroidir, pelez-les et éliminez les graines.

2 **Pelez** l'échalote et l'ail, hachez-les finement. Rincez et ciselez le persil. Egouttez le thon, écrasez-le à la fourchette, mélangez-le avec le fromage frais, Versez l'huile puis incorporez le hachis d'échalote et d'ail, le persil. Salez, poivrez.

3 **Coupez** la chair des poivrons en quatre rectangles. Déposez sur chacun 1 cuillère de préparation au thon. Fermez avec une pique en bois. Réservez au frais jusqu'au moment de servir.

Photo : Kompalitch/Prismapix - Recette : Mourgues/Prismapix

Photo : Rouvrais/Prismapix

Salade de crevettes au sésame

Pour **4** personnes

Préparation **15** mn

Cuisson **10** mn

Difficulté ★☆☆

Ingrédients

20 grosses crevettes cuites
200 g de haricots verts extra-fins
125 g de salades mélangées
1 mangue - **1** pamplemousse rose
4 cuil. à soupe d'huile de sésame
2 cuil. à soupe de graines de sésame
1 cuil. à soupe de jus de citron vert
sel, poivre

1 **Equeutez** les haricots verts. Faites-les cuire 10 min à l'eau bouillante salée. Rafraîchissez-les et égouttez-les. Faites dorer les graines de sésame dans une poêle antiadhésive.

2 **Décortiquez** les crevettes. Pelez la mangue et coupez-la en dés. Rincez et essorez les salades. Pelez les pamplemousses à vif et séparez les quartiers au-dessus d'un saladier pour récupérer le jus. Ajoutez-lui le jus de citron, versez l'huile en fouettant et poivrez.

3 **Répartissez** la salade et les haricots verts sur les assiettes. Garnissez-les des dés de mangue, de quartiers de pamplemousse et de crevettes. Parsemez de graines de sésame, versez la sauce et servez sans attendre.

Photo : Rouvrais/Prismapix - Recette : Barotoqui/Prismapix

Salade de langouste

Pour **4** personnes

Préparation **20** mn

Cuisson **10** mn

Difficulté ★★☆

Ingrédients

4 petites queues de langouste
12 petites asperges vertes
12 minicarottes
8 minifenouils
2 poignées de pois gourmands
1 sachet de sauce hollandaise (Picard)
1 jus d'orange
1 noix de beurre
2 cuil. à soupe d'huile d'olive
sel, poivre

1 **Décortiquez** les queues de langouste. Faites-les dorer 3 min sur chaque face à l'huile d'olive dans une poêle antiadhésive.

2 **Pelez** les carottes. Retirez la première peau des fenouils, coupez-les dans la longueur. Coupez le pied des asperges. Lavez et essuyez tous les légumes. Faites-les cuire séparément 5 min chacun dans l'eau bouillante salée avec 1 noix de beurre. Egouttez-les.

3 **Servez** les queues de langouste coupées en tronçons sur un lit de petits légumes avec la sauce hollandaise réchauffée et additionnée du jus d'orange.
Salez, poivrez et servez aussitôt.

Salade de moules

Pour **4** personnes

Préparation **20** mn

Cuisson **20** mn

Difficulté ★☆☆

Ingrédients

1 l de moules
½ poivron rouge
1 tomate
1 brin de menthe
100 g de riz long
1 cuil. à café de moutarde
2 cuil. à soupe d'huile d'olive
sel, poivre

1 **Grattez** les moules, rincez-les. Mettez-les dans un faitout, couvrez et portez sur feu vif. Eteignez le feu quand toutes les moules sont ouvertes. Egouttez-les, éliminez les coquilles et filtrez le jus. Faites – le bouillir pour le faire réduire de moitié.

2 **Faites cuire** le riz dans une grande quantité d'eau bouillante salée. Egouttez-le.

3 **Rincez** les légumes. Eliminez les graines du poivron, pelez et épépinez la tomate. Coupez les légumes en petits dés. Rincez la menthe et ciselez-la. Réunissez dans un saladier les moules, le riz, les légumes et la menthe.

4 Dans un bol, **mélangez** le jus des moules, l'huile et la moutarde. Salez, poivrez. Arrosez la salade de cette sauce. Couvrez d'un film étirable et réservez au frais jusqu'au moment de servir.

Photo : Kompalitch/Prismapix - Recette : Mourgues/Prismapix

Maquereaux en gelée

Pour **4** personnes

Préparation **20** mn
Attente **5** h

Cuisson **5** mn

★★☆
Difficulté

Ingrédients

4 maquereaux en filets
3 cuil. à soupe de fumet de poisson déshydraté
1 sachet de gelée instantanée
2 tomates
½ salade frisée
1 cuil. à soupe de vinaigre de Xéres
3 cuil. à soupe d'huile d'olive
1 bouquet de ciboulette
baies roses
sel, poivre

1 **Délayez** le fumet de poisson dans 1 l d'eau. Faites pocher les filets de maquereaux 5 min à frémissements. Réservez 10 cl de fumet. Egouttez les maquereaux, laissez-les refroidir puis effeuillez-les en ôtant toutes les arêtes.

2 **Rincez** les tomates, retirez les graines et coupez-les en tout petits dés.

3 **Mettez** 4 ramequins au congélateur. Préparez 60 cl de gelée instantanée puis laissez-la tiédir. Ajoutez le fumet réservé. Lorsque la gelée est froide mais non prise, versez-en 1 cuillère dans les ramequins pour recouvrir l'intérieur. Renouvelez deux fois jusqu'à obtenir 1 cm d'épaisseur.

4 **Garnissez** les ramequins en alternant les miettes de maquereaux et les dés de tomates (réservez-en pour le décor) puis recouvrez la préparation avec le reste de gelée. Réservez 5 h au réfrigérateur.

5 **Rincez** et **essorez** la salade et la ciboulette. Préparez la vinaigrette.

6 **Trempez** rapidement les ramequins dans un récipient d'eau chaude puis retournez-les sur les assiettes. Entourez de salade et de dés de tomates, servez avec un peu de vinaigrette, les baies roses et la ciboulette ciselée.

Photo : Asset/Prismapix

Photo : Rouvrais/Prismapix

Tajine de lotte

Pour **4** personnes

Préparation **20** mn

Cuisson **35** mn

Difficulté ★★☆

Ingrédients

1 kg de queue de lotte
300 g de tomates pelées
12 olives noires dénoyautées
1 oignon
2 gousses d'ail
2 citrons confits
1 petit piment
1 dosette de safran
1 cuil. à café de curcuma
1 bouquet de basilic
3 cuil. à soupe d'huile d'olive
sel, poivre

1 **Coupez** la lotte en tronçons. Pelez l'oignon et émincez-le. Pelez l'ail. Rincez le piment, retirez les graines et émincez-le. Coupez les citrons confits en petits morceaux. Rincez et effeuillez le basilic.

2 **Faites chauffer** 2 cuil. à soupe d'huile dans une cocotte. Faites revenir l'oignon et l'ail 2 min. Salez, poivrez. Ajoutez les olives, les tomates avec leur jus et le piment. Saupoudrez de safran et de curcuma. Laissez mijoter 10 min en mélangeant.

3 **Faites saisir** la lotte avec l'huile restante dans une sauteuse. Salez, poivrez. Ajoutez-la dans la cocotte avec les citrons confits et du basilic ciselé. Laissez cuire 20 min à couvert.

4 **Servez** le tajine avec de la semoule de couscous ou des pommes de terre vapeur.

Rôti de lotte au lard

Pour **4** personnes

Préparation **20** mn
Attente **1** h

Cuisson **45** mn

Difficulté ★★☆

Ingrédients

- **1** queue de lotte de 1,5 kg
- **12** tranches fines de lard fumé
- **1** cœur de chou vert
- **2** gousses d'ail
- **1** branche de thym
- **100** g de beurre
- **2** cuil. à soupe d'huile d'olive
- **200** g de marrons au naturel
- sel, poivre

1 **Retirez** l'arête centrale de la lotte et coupez-la en deux. Mettez les 2 filets de poisson dans un plat creux, arrosez-les d'huile, ajoutez le thym, salez, poivrez. Mélangez pour bien imprégner la chair du poisson. Couvrez d'un film alimentaire et laissez mariner 1 h au frais.

2 **Egouttez** les filets de poisson puis réunissez-les avec les tranches de lard. Ficelez l'ensemble pour former un rôti. Préchauffez le four th. 7 (210 °C) et enfournez le rôti 45 min en l'arrosant régulièrement. Laissez reposer 5 min dans le four éteint.

3 **Fendez** le chou en quatre, plongez les quartiers 10 min dans de l'eau bouillante salée. Egouttez-les, rafraîchissez-les puis coupez-les en lanières. Pelez et pressez l'ail, faites-le fondre dans 60 g de beurre, ajoutez le chou et laissez mijoter 10 min. Egouttez les marrons et faites-les réchauffer doucement dans le beurre restant.

4 **Servez** le rôti de lotte découpé en tranches épaisses, accompagné du chou étuvé et des marrons.

Photo : Kompalitch/Prismapix - Recette : Mourgues/Prismapix

Poêlée du pêcheur

Pour **4** personnes

Préparation **15** mn

Cuisson **15** mn

Difficulté ★★☆

Ingrédients

700 g de poissons sans la peau (cabillaud, colin, merlu, saumon)

300 g de girolles - **50** g de lardons

25 g de beurre

15 cl de crème fraîche liquide

1 échalote - **1** bouquet de persil

1 bouquet de ciboulette

1 cuil. à soupe d'huile d'olive

1 cuil. à soupe de vinaigre de cidre

sel, poivre

1 **Rincez** les poissons, retirez les arêtes, coupez-les en gros cubes et épongez-les soigneusement.

2 **Nettoyez** rapidement les girolles avec un linge humide, puis épongez-les soigneusement. Coupez l'extrémité des pieds puis coupez-les en deux.

3 **Faites chauffer** le beurre et l'huile dans une poêle à feu moyen. Versez les girolles, salez, poivrez et laissez cuire 8 min. Ajoutez l'échalote émincée, les lardons et le vinaigre. Faites revenir 2 min et déposez-y le poisson. Laissez cuire 5 min à couvert en remuant délicatement de temps en temps.

4 En fin de cuisson, **versez** la crème fraîche et les herbes hachées, poursuivez la cuisson 2 min. Servez aussitôt.

Photo : Asset/Prismapix

Saumon mi-cuit à la tapenade

Pour **4** personnes

Préparation **30** mn

Cuisson **15** mn

★☆☆ Difficulté

Ingrédients

4 pavés de saumon
2 tomates
½ jus de citron
50 g de tapenade noire
15 olives noires dénoyautées
1 bouquet d'aneth et de coriandre
1 cuil. à soupe d'huile d'olive
sel, poivre

1 **Préchauffez** le four th. 8 (250 °C). Rincez les pavés de saumon, posez-les sur 4 grandes feuilles de papier spécial cuisson. Etalez côté chair de la tapenade. Fermez les papillotes et enfournez 15 min.

2 Pendant ce temps, **rincez** les herbes, ciselez-les. Rincez les tomates et coupez-les en petits dés. Emincez les olives. Mélangez ces ingrédients, ajoutez le jus de citron, l'huile, salez, poivrez.

3 **Servez** le poisson dès la sortie du four et accompagnez des légumes.

Photo : Rouvrais/Prismapix

Photo : Asset/Prismapix

Pavés de saumon grillés

Pour **4** personnes

Préparation **15** mn

Cuisson **25** mn

★☆☆ Difficulté

Ingrédients

4 pavés de saumon de 150 g chacun
1,5 kg de petits pois
3 oignons nouveaux
3 cuil. à café de fond de volaille
1 bouquet garni
50 g de beurre
1 cuil. à soupe de farine
1 cuil. à soupe d'huile d'olive
sel, poivre

1. **Ecossez** les petits pois. Délayez le fond de volaille dans 25 cl d'eau bouillante. Epluchez et hachez les oignons nouveaux.

2. **Faites revenir** les oignons dans 25 g de beurre 3 à 4 min sans laisser colorer. Retirez-les. Ajoutez la farine dans le beurre de cuisson. Mélangez 1 min. Délayez avec le fond de volaille. Portez à ébullition en mélangeant sans cesse, laissez bouillir 5 min. Ajoutez les petits pois et le bouquet garni. Remettez les oignons. Laissez cuire 25 min à couvert.

3. 10 min avant la fin de la cuisson des petits pois, **faites chauffer** un gril en fonte. Incisez la chair du saumon en formant des croisillons. Badigeonnez d'huile. Posez le saumon côté chair sur le gril très chaud 1 min. Retournez-le côté peau et poursuivez la cuisson 5 min environ. Salez et poivrez.

4. **Retirez** le bouquet garni des petits pois. Hors du feu, incorporez 25 g de beurre frais et servez aussitôt avec les pavés de saumon.

Photo : Kompalitch/Prismapix - Recette : Mourgues/Prismapix

Croustillants au saumon

Pour **4** personnes

Préparation **30** mn
Attente **10** mn

Cuisson **15** mn

Difficulté ★★☆

Ingrédients

400 g de filets de saumon
800 g de pommes de terre farineuses
1 citron
40 g de beurre
1 cuil. à soupe de farine
4 cuil. à soupe d'huile d'arachide
3 cuil. à soupe d'huile d'olive
sel, poivre moulu

1 **Pelez** les pommes de terre, rincez-les et épongez-les. Râpez-les sur une grille à gros trous, puis pressez-les fortement dans un linge pour éliminer l'excès d'humidité. Mettez-les dans un saladier, saupoudrez-les de farine, salez, poivrez et mélangez soigneusement à l'aide d'une fourchette. Farinez légèrement le bout de vos doigts et façonnez dans 8 petites galettes plates.

2 **Faites chauffer** le beurre et l'huile d'arachide dans une grande poêle. Faites- dorer les galettes sur leurs deux faces pour qu'elles soient croustillantes. Retirez-les avec une écumoire, puis égouttez-les sur du papier absorbant et réservez-les au chaud dans un four doux.

3 **Découpez** le saumon en petit dés, mettez-les dans un plat creux, arrosez avec le jus de citron, salez et poivrez. Couvrez et laissez mariner 10 min. Egouttez le saumon et arrosez-le avec l'huile d'olive.

4 **Répartissez** le saumon mariné sur les galettes croustillantes et servez-les empilées deux par deux. Décorez avec des petites feuilles de salade verte ou d'herbes fraîches.

Bar grillé et tartare de petits légumes

Pour **4** personnes

Préparation **20** mn
Attente **30** mn

Cuisson **5** mn

Difficulté ★★☆

Ingrédients

4 filets de bar
2 poivrons rouges
2 courgettes
3 cuil. à soupe d'huile d'olive
1 citron
1 bouquet de basilic
fleur de sel
sel, poivre

1 **Rincez** et coupez les courgettes, sans les éplucher, en tout petits dés. Rincez les poivrons, retirez les graines et les membranes blanches, coupez-les également en tout petits dés. Mettez les légumes dans un saladier, versez 1 cuil. d'huile, 1 filet de jus de citron, salez, poivrez et réservez 30 min au frais.

2 **Incisez** la peau des filets de bar et badigeonnez-les d'huile. Faites chauffer une poêle antiadhésive et placez les filets de bar côté peau. Laissez-les cuire 5 min à feu moyen. Retournez-les et laissez-les dans la poêle 2 min hors du feu.

3 **Disposez** les filets de bar dans les assiettes, saupoudrez-les de fleur de sel et accompagnez-les du tartare de légumes parsemé de basilic ciselé. Servez sans attendre.

Photo : Rouvrais/Prismapix

Aile de raie aux lentilles

Pour **4** personnes

Préparation **15** mn

Cuisson **40** mn

Difficulté ★★☆

Ingrédients

1 aile de raie
de 1 kg environ pelée
300 g de lentilles vertes
100 de lard fumé
1 oignon
1 carotte
2 cuil. à soupe de moutarde
2 cuil. à soupe d'huile d'olive
10 cl de crème fraîche
2 feuilles de laurier
sel, poivre

1 **Préchauffez** le four th. 7 (210 °C).
Mettez dans une cocotte les lentilles avec 1,5 l d'eau, le lard coupé en lardons, l'oignon pelé, la carotte épluchée et coupée en rondelles, le bouquet garni, sel et poivre. Faites cuire 40 min. Ajoutez la crème fraîche à la fin de la cuisson. Réservez au chaud.

2 **Nettoyez** l'aile de raie sous l'eau froide, épongez-la et coupez-la en quatre morceaux. Badigeonnez-la de moutarde sur les deux faces. Déposez-les dans un plat à four huilé. Laissez cuire 25 min.

3 **Servez** chaud avec les lentilles égouttées et les lardons.

Photo : Asset/Prismapix

Filets de merlan aux poivrons

Pour **4** personnes

Préparation **20** mn

Cuisson **25** mn

Difficulté ★☆☆

Ingrédients

4 filets de merlan épais de 200 g chacun
2 poivrons rouges
10 morceaux de tomates confites
1 gousse d'ail hachée
50 g de câpres
1 bouquet de basilic
1 pincée de thym
4 cuil. à soupe d'huile d'olive
sel, poivre

1 **Faites griller** les poivrons sous le gril du four jusqu'à ce que leur peau se boursoufle pour les peler plus facilement. Epépinez-les et découpez-les en lanières.

2 **Mélangez** dans un saladier les poivrons, les morceaux de tomates coupées en cubes, les câpres égouttés, l'ail haché, le thym et 3 cuil. à soupe d'huile. Faites chauffer doucement au bain-marie 15 min.

3 **Faire cuire** les filets de poisson dans une poêle antiadhésive avec 1 cuil. à soupe d'huile. Laissez dorer sur les deux faces. Salez, poivrez.

4 **Servez** les filets, accompagnés de la préparation aux poivrons et parsemez de basilic ciselé.

Photo : Rouvrais/Prismapix

Photo : Rouvrais/Prismapix - Recette : Barotoqui/Prismapix

Rougets au citron et endives à l'orange

Pour **4** personnes

Préparation **40** mn

Cuisson **2** mn

★★☆ Difficulté

Ingrédients

- **12** filets de rouget levés
- **6** endives
- **2** oranges non traitées
- **3** citrons non traités
- **4** tomates séchées
- **1** cuil. à soupe d'huile d'olive
- sel, poivre

1 **Lavez**, **essuyez** et **coupez** les endives en deux dans la longueur. Faites-les revenir à l'huile d'olive à feu vif jusqu'à coloration. Baissez le feu, ajoutez les zestes d'1 orange, le jus des 2 oranges et 1 verre d'eau. Faites cuire 40 min.

2 **Coupez** 12 très fines rondelles dans le milieu des citrons. Réservez-les. Hachez finement 4 autres tranches plus épaisses et les tomates séchées. Mélangez-les.

3 **Faites cuire** les rondelles de citron à l'huile d'olive dans une poêle antiadhésive pendant 5 min en les tournant à mi-cuisson. Egouttez-les et réservez.

4 **Faites cuire** les filets de rouget à l'unilatérale (2 min à feu vif côté chair) dans l'huile de cuisson du citron.

5 **Servez** les filets bien chauds avec les rondelles de citron rôties et le hachis de tomates et de citron. Accompagnez des endives nappées de leur caramel de cuisson.

Photo : Rouvrais/Prismapix

Macaronis aux sardines

Pour **4** personnes

Préparation **15** mn

Cuisson **25** mn

Difficulté ★☆☆

Ingrédients

400 g de macaronis
10 sardines à l'huile d'olive
12 tomates cerises
12 cerneaux de noix
3 cuil. à soupe d'huile d'olive
4 brins de thym
sel, poivre

1 **Faites cuire** les macaronis dans une casserole d'eau bouillante salée en suivant le temps de cuisson indiqué sur le paquet.

2 **Egouttez** et **coupez** les sardines en deux. Retirez la peau, l'arête centrale et coupez-les en morceaux.

3 **Rincez** les tomates cerises. Faites-les revenir dans une poêle avec 2 cuil. à soupe d'huile d'olive. Salez, poivrez, mélangez et parsemez de thym.

4 **Faites dorer** les cerneaux de noix à sec dans une poêle antiadhésive. Laissez tiédir et hachez-les au couteau (réservez-en 4 ou 5 entiers).

5 **Egouttez** les pâtes et arrosez-les d'huile d'olive. Ajoutez les sardines, les tomates et les noix. Servez chaud, décoré de cerneaux de noix.

Filets de sole aux amandes

Pour **4** personnes

Préparation **20** mn

Cuisson **20** mn

Difficulté ★★☆

Ingrédients

8 filets de sole
250 g de riz
50 g d'amandes effilées
25 cl de vin blanc sec
1 cuil. à soupe d'huile
15 cl de crème liquide
20 g de beurre
1 dosette de safran
sel, poivre

1. **Faites chauffer** l'huile dans une casserole. Versez le riz et remuez jusqu'à ce que les grains deviennent translucides. Salez, poivrez. Ajoutez le safran et 40 cl d'eau. Laissez cuire doucement 20 min à couvert. Egouttez-le et réservez au chaud.

2. Pendant ce temps, **beurrez** un plat à gratin. Mettez les filets de soles roulés et piqués avec une pique en bois. Arrosez de vin blanc, salez, poivrez puis enfournez 10 min. Réservez les roulés de soles au chaud sous une feuille de papier aluminium.

3. **Récupérez** le jus de cuisson. Faites-le bouillir dans une casserole jusqu'à ce qu'il réduise de moitié. Versez la crème et continuez à mélanger sur feu doux. Rectifiez l'assaisonnement.

4. **Faites colorer** les amandes à sec dans une poêle sur feu vif.

5. **Disposez** les roulés de soles dans les assiettes avec le riz au safran. Nappez de sauce, parsemez d'amandes effilées et servez.

Photo : Asset/Prismapix

Paupiettes de sole à la normande

Pour **4** personnes

Préparation **20** mn

Cuisson **20** mn

Difficulté ★★☆

Ingrédients

6 filets de soles
300 g de crevettes grises
½ l de coques
1 bouquet garni
20 cl de crème fraîche épaisse
15 cl de cidre brut
125 g de beurre demi-sel
1 bouquet de ciboulette
sel, poivre

1 **Rincez** les coques dans plusieurs eaux pour les débarrasser de leur sable. Mettez-les dans une casserole avec le cidre et le bouquet garni. Salez, poivrez. Couvrez et laissez ouvrir 5 min en remuant. Egouttez les coques, décoquillez-les et récupérez le jus de cuisson.

2 **Rincez** la ciboulette et faites blanchir quelques brins 3 min dans de l'eau bouillante. Egouttez-les et rafraîchissez-les.

3 **Préchauffez** le four th. 7 (210 °C). Rincez les filets de soles, coupez-les en deux dans la longueur. Roulez-les sur eux-mêmes, et ficelez-les avec un brin de ciboulette en glissant 1 crevette grise dessous. Disposez les filets de soles dans un plat à four beurré. Salez, poivrez et mouillez avec le jus de cuisson des coques filtré. Recouvrez d'une feuille de papier aluminium et enfournez 10 min. Réservez au chaud.

4 **Versez** le jus de cuisson dans une casserole, ajoutez la crème et faites réduire 5 min. Hors du feu, incorporez le beurre restant en parcelles en fouettant pour obtenir une sauce onctueuse. Poivrez, ajoutez les crevettes et les coques pour les réchauffer.

5 **Nappez** les assiettes de sauce, disposez les filets de sole, parsemez de ciboulette ciselée et servez sans attendre.

Photo : Asset/Prismapix

Paupiettes de julienne au lard

Pour **4** personnes

Préparation **10** mn

Cuisson **20** mn

Difficulté ★☆☆

Ingrédients

2 beaux filets de julienne
100 g de lard
2 échalotes
6 brins de persil
6 brins de ciboulette
30 g de beurre
15 cl de vin blanc sec
1 cuil. à soupe de fumet de poisson déshydraté
10 cl de crème fraîche
1 citron
sel, poivre

1 **Rincez** et **épongez** les filets de julienne. Posez-les à plat et coupez-les en deux dans la largeur. Préchauffez le four th. 7 (210 °C).

2 **Pelez** et **émincez** les échalotes et faites-les revenir dans le beurre chaud 5 min à feu doux sans les faire colorer. Ajoutez le lard découpé en lardons et laissez rissoler encore 5 min.

3 **Rincez** et **ciselez** le persil et la ciboulette. Versez le contenu de la poêle dans une jatte, ajoutez les fines herbes, la crème. Salez un peu, poivrez et mélangez.

4 **Répartissez** des cuillerées de farce sur les filets de julienne. Roulez-les sans serrer et maintenez-les par une petite pique en bois.

5 **Mettez** les paupiettes dans un plat à four, arrosez-les de vin blanc, ajoutez le fumet et enfournez 10 min. Servez chaud décoré de rondelles de citron.

Photo : Azambre/Prismapix

Photo : Rouvrais/Prismapix

Crabes farcis

Pour **4** personnes

Préparation **1** h

Cuisson **30** mn

★★★ Difficulté

Ingrédients

8 crabes de taille moyenne
2 tranches de jambon
2 gousses d'ail - **1** bouquet de persil - **100** g de pain de mie
2 cuil. à soupe de lait
50 g de beurre - **3** brins de romarin
sel, poivre

Pour le court-bouillon :

2 oignons - **4** gousses d'ail
1 carotte - **1** bouquet garni
20 cl de vin blanc sec
sel, poivre

1 **Préparez** le court-bouillon : pelez et coupez en rondelles les oignons, l'ail et la carotte. Mettez le tout dans un faitout avec le bouquet garni, le vin blanc et 5 l d'eau. Salez, poivrez et faites cuire 30 min à feu doux.

2 **Mettez** à cuire les crabes lavés et brossés dans le court-bouillon en maintenant l'ébullition 10 min. Egouttez-les et laissez-les refroidir.

3 **Epluchez** l'ail, rincez le persil et hachez-les séparément. Taillez en dés les carottes récupérées du court-bouillon. Découpez les tranches de jambon en petits cubes.

4 **Retirez** la chair et la matière crémeuse des crabes froids, en ôtant les cartilages. Nettoyez 4 carapaces et réservez-les.

5 Dans une poêle, **faites fondre** le beurre, ajoutez la chair de crabe effilochée, le hachis d'ail et de persil, le jambon et les carottes en dés. Faites revenir le tout. Ajoutez la mie de pain, arrosée de lait puis pressée. Salez, poivrez et laissez cuire 10 min. Servez les carapaces garnies de farce et parsemées de romarin effeuillé.

Photo : Rouvrais/Prismapix

Beignets de calamars et coulis fruité

Pour **4** personnes

Préparation **25** mn
Attente **30** mn

Cuisson **10** mn

★★☆
Difficulté

Ingrédients

600 g d'anneaux de calamars
150 g de farine
2 œufs
15 cl de bière
100 g de coulis d'abricot
15 cl de jus d'orange
1 citron vert
1/4 d'écorce d'orange confite
1 bain de friture
sel, poivre

1 **Versez** la farine dans un saladier, faites un puits et ajoutez les œufs, du sel et du poivre. Mélangez puis versez la bière peu à peu jusqu'à obtenir une pâte lisse. Laissez reposer 30 min.

2 **Préparez** le coulis : détaillez l'écorce d'orange confite en filaments. Mélangez-les avec le coulis d'abricot, le jus d'orange et de citron vert. Battez au fouet jusqu'à obtenir un coulis homogène et ayant la consistance d'un sirop légèrement épais. Réservez.

3 **Faites chauffer** le bain de friture. Enrobez les anneaux de calamars de pâte à beignets puis plongez-les, par petites quantités, dans l'huile. Egouttez les beignets sur du papier absorbant dès qu'ils sont dorés. Salez.

4 **Servez** les beignets chauds avec le coulis à part.

L'abus d'alcool est dangereux pour la santé. A consommer avec modération.

Gâteau d'araignée

Pour **4** personnes

Préparation **45** mn

Cuisson **25** mn

★★★ Difficulté

Ingrédients

1 araignée de 1 kg
8 bulbes de fenouil
2 l de court-bouillon bien relevé
1 petit morceau de gingembre
1 orange
4 feuilles de pâte filo
2 cuil. à soupe d'huile d'olive
sel, poivre

1 **Portez** le court-bouillon à ébullition. Faites cuire l'araignée 20 min.

2 **Rincez** les fenouils, émincez-les dans la longueur. Faites-les cuire 5 min à feu vif avec un peu d'huile, salez, poivrez. Ajoutez 25 cl d'eau, laissez cuire encore 5 min.

3 **Faites cuire** 10 min au four des bandes de pâte filo badigeonnées d'huile.

4 **Décortiquez** l'araignée, arrosez la chair de jus d'orange et ajoutez le gingembre râpé.

5 **Montez** quatre gâteaux en intercalant une couche d'araignée entre deux couches de fenouil confit. Servez frais accompagné de feuilles de filo croustillantes.

Photo : Rouvrais/Prismapix - Recette : Barotoqui/Prismapix

Moules marinières

Pour **4** personnes

Préparation **25** mn

Cuisson **10** mn

Difficulté ★☆☆

Ingrédients

4 l de moules
2 échalotes
10 cl de vin blanc sec
50 g de beurre
3 brins de thym
2 feuilles de laurier
1 feuille de poireau
2 branches de céleri
6 grains de poivre

1 A l'aide d'un couteau pointu, **retirez** le byssus des moules. Grattez soigneusement les coquilles pour les nettoyer. Lavez les moules dans plusieurs eaux et brassez-les énergiquement à chaque fois. Egouttez-les dans une passoire.

2 **Préparez** un bouquet garni en plaçant le thym, le laurier et le céleri sur une feuille de poireau. Maintenez serré en nouant avec un morceau de ficelle de cuisine.

3 **Mettez** les moules dans une cocotte avec le beurre, le bouquet garni, les échalotes hachées et le vin blanc. Faites-les ouvrir sur feu vif en mélangeant en cours de cuisson.

4 **Retirez** les moules de la cocotte quand elles sont ouvertes. Réservez-les au chaud. Mettez le jus de cuisson filtré dans la cocotte avec les grains de poivre. Laissez bouillir sur feu vif. Versez sur les moules et servez aussitôt.

Photo : Asset/Prismapix

Noix de Saint-Jacques au concombre

Pour **4** personnes

Préparation **20** mn

Cuisson **15** mn

Difficulté ★★☆

Ingrédients

12 noix de Saint-Jacques
1 concombre
2 échalotes
2 brins d'aneth
20 g de beurre
10 cl de crème fluide
20 cl de vin blanc
2 cuil. à soupe d'huile d'olive
1 pointe de piment
sel, poivre

1 **Rincez** le concombre et à l'aide d'un couteau économe, formez des rubans dans la longueur. Faites-les cuire à la vapeur 2 min, épongez-les. Pelez les échalotes et hachez-les finement.

2 **Epongez** les noix de Saint-Jacques. Dans une poêle, faites chauffer l'huile d'olive et le beurre et laissez dorer les noix sur les 2 faces. Quand elles sont bien colorées, retirez-les de la poêle et réservez-les.

3 A la place, **faites fondre** les échalotes, puis versez le vin blanc, laissez bouillir et flambez. Versez la crème, salez et poivrez, ajoutez le piment et laissez bouillir jusqu'à ce que la sauce devienne onctueuse. Remettez les noix et les rubans de concombre dans la sauce 1 min.

4 **Décorez** avec des œufs de saumon ou de truite et des brins d'aneth et servez.

Photo : Kompalitch/Prismapix - Recette : Mourgues/Prismapix

Photo : Rouvrais/Prismapix

Coquilles Saint-Jacques et sa julienne de légumes

Pour **4** personnes

Préparation **25** mn

Cuisson **15** mn

★★★ Difficulté

Ingrédients

12 coquilles Saint-Jacques
1 branche de céleri
2 carottes
1 courgette
2 cm de racine de gingembre
1 échalote
15 cl de jus d'orange
1 citron vert
1 cuil. à soupe d'huile d'olive
150 g de beurre
gros sel, sel, poivre

1 **Tenez** la coquille dans la main gauche. Glissez le couteau à l'intérieur et sectionnez le muscle. Détachez le couvercle.

2 **Retirez** avec le couteau toutes les barbes, détachez complètement la noix en coupant le nerf et rincez-les sous l'eau ainsi que les coquilles.

3 **Préchauffez** le four th. 6-7 (200 °C). Tapissez la lèchefrite de gros sel et disposez dessus les coquilles vides. Replacez les noix dans les coquilles, mettez sur chacune une noisette de beurre, salez et poivrez.

4 **Rincez** tous les légumes et pelez-les. Râpez les carottes et la courgette. Hachez le céleri, l'échalote et le gingembre. Rincez le citron et râpez le zeste. Faites revenir l'échalote, le céleri et le gingembre dans une poêle avec l'huile. Versez le jus d'orange et laissez réduire. Ajoutez les carottes, la courgette et le céleri. Laissez mijoter 3 min.

5 **Enfournez** les coquilles 5 min. Versez leur beurre de cuisson dans la poêle avec les légumes et mélangez. Disposez un peu de julienne de légumes sur chaque noix de Saint-Jacques, ajoutez du zeste de citron et servez aussitôt.

Photo : Kompalitch/Prismapix - Recette : Mourgues/Prismapix

Paloudes au cidre

Pour **4** personnes

Préparation **15** mn

Cuisson **10** mn

Difficulté ★☆☆

Ingrédients

2 kg de palourdes
2 échalotes
2 gousses d'ail
1 citron
8 brins de ciboulette
2 brins d'aneth
30 g de beurre salé
25 cl de cidre brut
1 poignée de gros sel
poivres mélangés

1 **Mettez** les palourdes dans une bassine, couvrez-les d'eau froide, ajoutez le gros sel. Brassez les coquillages puis laissez-les reposer 10 min afin qu'ils s'entrouvrent et rejettent le sable. Rincez-les abondamment sous l'eau et égouttez-les.

2 **Pelez** les échalotes et les gousses d'ail, émincez-les. Faites chauffer le beurre dans une cocotte, mettez les échalotes et l'ail, laissez-les blondir sur feu doux puis ajoutez les palourdes. Versez le cidre, couvrez et augmentez le feu. Mélangez et éteignez le feu lorsque les coquillages sont ouverts.

3 **Rincez** et **ciselez** l'aneth et la ciboulette. Déposez les palourdes dans un plat creux, arrosez avec le jus de cuisson filtré, le jus de citron, saupoudrez d'herbes et de poivres moulus. Dégustez bien chaud.

L'abus d'alcool est dangereux pour la santé. A consommer avec modération.

Aumônières aux coques

Pour **4** personnes

Préparation **30** mn

Cuisson **20** mn

Difficulté ★★☆

Ingrédients

- **1** kg de coques
- **8** échalotes
- **1** œuf
- **60** g de beurre
- **15** cl de lait
- **30** cl de crème fluide
- **100** g de farine
- sel, poivre

1 **Versez** la farine dans un saladier, cassez l'œuf au centre, ajoutez 10 g de beurre fondu, 1 pincée de sel. Mélangez au fouet, versez peu à peu le lait afin d'obtenir une pâte lisse. Faites cuire les crêpes dans une poêle antiadhésive et réservez-les au chaud.

2 **Faites tremper** les coques dans de l'eau froide additionnée de gros sel. Rincez-les bien pour éliminer le sable. Mettez-les dans un faitout, couvrez et portez à feu vif pour les faire ouvrir. Quand elles sont toutes ouvertes, égouttez-les, recueillez le jus et filtrez-le. Décoquillez les coques.

3 **Pelez** et **émincez** les échalotes. Faites-les étuver dans le beurre restant. Versez la crème et le jus des coques, laissez bouillir pour obtenir une sauce onctueuse. Ajoutez les coques, salez, poivrez.

4 **Répartissez** la préparation au centre des crêpes, formez des aumônières et maintenez-les fermées avec une pique en bois. Servez sans attendre.

Photo : Kompalitch/Prismapix - Recette : Mourgues/Prismapix

Prisma Presse

Direction de la collection : Pascal Tranchecoste
Chef de projet : Lamya El Arabi
Studio de fabrication : Flora Bellanger

Coordination éditoriale : Sylvie Basdevant et Pascal Tranchecoste
Création et photogravure : Spicy's

ISBN : 978-2-8104-0269-4
N° d'impression : L73626
Achevé d'imprimer par CPI Aubin Imprimeur (France)

IMPRIM'VERT®

Dépôt légal : Mars 2010